이야기로 본
인대인
삶 바꾸기

나의 이야기

이야기로 본
인대인 삶 바꾸기 / 1
나의 이야기

© 생명의말씀사 2019

2019년 5월 15일 1판 1쇄 발행
2024년 11월 19일   2쇄 발행

펴낸이 | 김창영
펴낸곳 | 생명의말씀사

등록 | 1962. 1. 10. No.300-1962-1
주소 | 서울시 종로구 경희궁1길 6(03176)
전화 | 02)738-6555(본사) · 02)3159-7979(영업)
팩스 | 02)739-3824(본사) · 080-022-8585(영업)

지은이 | 김민정

기획편집 | 서정희, 유영란
디자인 | 김혜진
인쇄 | 영진문원
제본 | 다온바인텍

ISBN 978-89-04-13214-0 (04230)
ISBN 978-89-04-70054-7 (세트)

저작권자의 허락없이 이 책의 일부 또는 전체를
무단 복제, 전재, 발췌하면 저작권법에 의해 처벌을 받습니다.

MYSTORY

이야기로 본
인대인
삶 바꾸기

자신의 인생을 새롭게 해석하는
나의 이야기

①

CONTENTS

들어가는 글 • 6

1강 나의 신앙 건강 검진 • 12

2강 하나님의 사랑 가득 채우기 • 26

3강 나의 인생 STORY 리모델링 • 48

4강 나의 기도 패턴 새롭게 하기 • 62

들어가는 글

누구에게?

이 교재는 신학적인 책이 아니다.
이 교재는 지극히 실천적인 책이다.
이 교재는 깊이 있는 배움을 원하는 사람에게는 부적합할지 모른다.
그러나 하나님의 자녀로서 삶을 바꿔 보려는 사람에게는 분명 도움이 될 것이다.

우리는 아는 것에 비해 사는 것이 몹시 부족한 신앙생활을 하고 있다.
이 균형을 잡으려면 지식만 쌓기보다 실천에 더욱 힘써야 한다.

우리 문제의 원인은 '앎의 부족'보다는 '삶의 부족'에, 그리고 '왜곡된 앎'에 있다. 이제는 뒤틀린 앎을 교정하고 올바른 방향을 찾아 하나라도 실천하는 삶으로 나아가야 한다.
나에 대해, 예수님에 대해, 이웃에 대해 뒤틀린 지식을 올바로 하고, 비만 지식 상태에서 건강한 실천으로 한 걸음 나아가기를 소망한다.

어떤 이야기?

전작인 『이야기로 본 새가족 성경공부』는 '예화'라는 '이야기'를 통해 복음에 보다 쉽게 접근한 교재이다. 『이야기로 본 인대인 삶 바꾸기』

역시 '이야기'로 접근하는 교재이지만, 앞의 이야기와는 조금 다르다. 이 교재는 예화라는 제3의 이야기가 아니라, 바로 나의 이야기, 그분의 이야기 그리고 우리의 이야기를 다룰 것이다.

사람은 이론으로 변화되지 않는다. 사람은 마음에 와닿는 이야기로 감동하고, 결단하고, 실천하게 된다. 또한 남의 이야기가 아닌, 나의 이야기를 나눌 때 진정한 마음의 문을 열 수 있다.
이 교재를 통해 나의 인생이 어떤 이야기인지, 복음이 어떻게 나와 상관있는 이야기가 될지, 유령과 같던 사람들이 어떻게 나의 이야기에 동참하게 될지 배우고 나누게 될 것이다.

무엇을 위해?

> "너희 마음에 그리스도를 주로 삼아 거룩하게 하고 너희 속에 있는 소망에 관한 이유를 묻는 자에게는 대답할 것을 항상 준비하되 온유와 두려움으로 하고"(벧전 3:15).

이 말씀을 중심으로, 우리는 복음을 지닌 자로서 이제 세상에 대답할 말을 준비해야 한다. 그런데 복음을 묻는 사람이 없어서 대답할 일도 없는가?
어쩌면 내 안에 소망(복음)이 없거나, 있기는 있지만 전혀 보이지 않게 감추어진 것은 아닐까?

MY STORY >

당연한 일이다. 소망을 철저히 숨기고 머리로만 산다면.
나에게 소망이 있는지, 있다면 그 소망이 사람들에게 보이는지 확인해야 한다. 소망이 없다면 왜 없는지, 무엇이 잘못되었는지 확인해야 한다. 그리고 왜 소망을 숨기고 사는지, 왜 아닌 척하는지 확인해야 한다.

누가 묻지도 않는데, 무엇을 대답할 수 있겠는가.
이 교재는 당신이 사회에서 크리스천인지 질문을 받게 되는 삶을 위해 만들어졌다. '소망을 확실하게 가진 자!', '소망이 확실하게 보이는 자!' 그리고 '대답할 것이 준비된 자!'를 만들기 위해 말이다.

변화의 지향점은?

1. 교회에서 → 교회 밖으로
2. 일 중심에서 → 영혼 중심으로
3. 목사 중심에서 → 하나님 중심으로
4. 강자 중심에서 → 약자 중심으로
5. 의무 중심에서 → 자발적 사랑 중심으로
6. 나 중심에서 → 타인 중심으로
7. 소유 중심에서 → 나눔 중심으로

각 권의 목표는?

1권 **나의 이야기** – 나를 재정비하고 올바른 정체성을 확립한다.
2권 **그분의 이야기** – 복음을 확실히 이해하고 복음의 정신을 삶의 기준으로 세운다.
3권 **우리의 이야기** – 사람을 사랑하고, 동행하며, 함께하는 법을 배운다.

자신의 그릇을 깨끗이 닦고(1권), 그 안에 올바른 복음을 넣고(2권), 그 복음을 사회(세상)에서 사람들과 함께 나누는 삶을 살게 하는 것(3권)이 이 교재의 목표이다.
이 성경공부 과정을 통해 당신은 자신의 인생을 새롭게 바라보게 될 것이다. 그리고 복음으로 사는 법을 실천하게 될 것이다. 또한 이제까지 관심 밖에 있던 사람들을 새롭게 발견하고 그들에게 다가갈 용기를 얻을 것이다.

이 책의 내용은?

1권 | 나의 이야기
1. 나의 신앙 건강 검진
   – 건강 검진을 하듯 나를 진단해 나의 현주소를 파악한다.

2. 하나님의 사랑 가득 채우기
    - 하나님의 사랑에 대한 의심병을 치료해 하나님의 사랑을 받는 사람의 자신감을 회복한다.
3. 나의 인생 STORY 리모델링
    - 나의 인생 여정을 되돌아보며 하나님의 시선으로 재해석한다.
4. 나의 기도 패턴 새롭게 하기
    - 나의 잘못된 기도 패턴을 바꾸고 하나님과 온전한 교제로 들어간다.

이 과정을 잘 통과한다면 당신은 상당히 건강한 성도로 바뀔 것이다.

어떤 결단?

쉽게 지나가려고 하지 말라.
대충 대답하려고 하지 말라.
빨리 끝내려고 하지 말라.
깊은 질문을 피하지 말라.

대면하고, 인내하고, 성실하게 답변하라.
나의 인생을 재해석하는 일이다.
그리고 이 과정은 당신의 남은 평생을 좌우할 수 있다.

이 또한 당신의 결정이다.
이제 자신의 현실을 목도하자.
나를 고치고, 씻고, 담고,
회복하기 위한 문을 활짝 열고 들어가자.

주님이 당신을 기다리고 계신다.

MY STORY >
HIS STORY >
OUR STORY >

1강

나의 신앙
건강 검진

💬 신앙인으로서 내가 어떤 모습이기를 꿈꾸는가?
존경하는 신앙인이 있다면?

❓ 내가 꿈꾸는 신앙인이 되기 위해 무엇을 준비하고 있는가?
어떤 노력을 하고 있는지 나누어 보자.

배수진(背水陣)을 치다
'물을 등지고 친 진'이라는 뜻. 앞에는 적, 뒤에는 강이 있으니 목숨 걸고 싸울 수밖에 없는 상황. 우리는 언제 배수진을 치는가?

> 껍데기 신자와 알맹이 신자, 가짜 신자와 진짜 신자 사이에서 나는 어디에 서고 싶은가? 오늘 이 기로에서 배수의 진을 치고 앞으로 나아갈 마음이 있는가?

MY STORY >

나의 모습 있는 그대로 바라보기

지금 나의 신앙의 모습은 어떠한가? 과연 올바른가?
다음 중 어디에 속하는지 진단해 보자.

1. 나 홀로 신앙

1 | 전혀 아니다 2 | 아니다 3 | 보통이다 4 | 그렇다 5 | 아주 그렇다

교회에서 누가 말을 걸거나 아는 척을 하면 불편하다.	1 2 3 4 5
교회에 대한 신뢰가 떨어지면서 교회 사람들과 함께하기보다 혼자 하는 신앙생활이 좋다.	1 2 3 4 5
가족이나 교회 같은 공동체보다 나의 행복한 삶이 가장 중요하다고 생각한다.	1 2 3 4 5
'가나안 성도'(교회에 안 나가는 성도)로 살아가는 것이 훨씬 좋다.	1 2 3 4 5
합계	

❓ 나의 신앙은 개인화되어 있는가? 그렇다면 이유가 무엇인가?

_____
_____
_____
_____

2. 수동적 신앙

1 | 전혀 아니다   2 | 아니다   3 | 보통이다   4 | 그렇다   5 | 아주 그렇다

나는 모든 중요한 일은 목사님과 상의하고 결정한다.	1 2 3 4 5
일주일이 거의 교회 모임 중심으로 돌아간다.	1 2 3 4 5
교회 활동에 참여하는 시간이 지역에서 생활하는 시간보다 많다.	1 2 3 4 5
신앙과 관련된 봉사는 교회 안에서만 하지 교회 밖에서는 해본 적이 없다.	1 2 3 4 5
합계	

〈비교해서 생각해 볼 무게 중심〉

교회 중심, 목사 중심　　vs　하나님 중심, 나(신앙의 주체로서) 중심
행사 중심, 일·사역 중심　vs　사람 중심, 관계 중심
지식 중심, 훈련 중심　　 vs　삶 중심, 실천 중심

❓ 중요한 일이 생기면 목회자에게 달려가는가?
　 내 삶의 결정권을 누가 가지고 있는가?(나와 목회자 혹은 나와 하나님)

3. 자아 상실 신앙

1 | 전혀 아니다   2 | 아니다   3 | 보통이다   4 | 그렇다   5 | 아주 그렇다

나는 누구인지, 왜 사는지, 무엇을 위해 부르심을 받았는지 전혀 모른다.	1 2 3 4 5
내가 무엇을 좋아하는지, 어떻게 살고 싶은지, 나의 어떤 면이 가장 자랑스러운지 별로 관심이 없다.	1 2 3 4 5
하나님이 주신 나만의 독특한 부르심, 아름다운 특징들을 신앙과 어떻게 연관지어야 할지 모르겠다.	1 2 3 4 5
교회에서 떠먹여 주고, 시키는 대로 하고, 동원된 신앙이 내 것이라 생각하고 살아왔다.	1 2 3 4 5
합계	

❓ 하나님이 나에게 주신 가장 아름다운 특성은 무엇인가?
   잘 생각나지 않는다면 서로 이야기해 보자.

___

___

___

___

❓ 하나님이 내 인생에 원하시는 나만의 특별한 부르심은 무엇인가?

___

___

___

___

4. 연습만 하는 신앙

1 | 전혀 아니다   2 | 아니다   3 | 보통이다   4 | 그렇다   5 | 아주 그렇다

나는 교회 사람들과만 친하고 교회 밖에는 친한 사람이 없다.	1 2 3 4 5
사회에서 만난 사람들은 내가 크리스천인 줄 전혀 모른다. 티를 내지 않는다.	1 2 3 4 5
어렵지만 신앙인으로서 친절하고 올바로 살려고 노력한 적이 있다.	1 2 3 4 5
사람들에게 교회 다니냐는 질문을 받은 적이 없다.	1 2 3 4 5
합계	

나의 동네 사람들, 회사 동료나 상사나 부하 직원, 지인들은 내가 크리스천이라는 것을 알고 있는가?
만약 모르고 있다면 왜인가?

5. 무책임한 신앙

1 | 전혀 아니다   2 | 아니다   3 | 보통이다   4 | 그렇다   5 | 아주 그렇다

교회에서 훈련하고 배우는 것은 좋지만 봉사를 하거나 실천하는 것은 별로다.	1 2 3 4 5
"크리스천인데 왜 그래?"라고 물어볼까 봐 티를 내지 않고 조용히 산다.	1 2 3 4 5
굳이 나까지 크리스천인 것을 티내며 살 필요가 없다고 생각한다.	1 2 3 4 5
교회에서의 내 목소리, 태도, 표정 등은 다른 곳에서의 나와 다르다.	1 2 3 4 5
합계	

폭우가 쏟아질 것을 확신하는 사람은 반드시 우산을 챙긴다.
만약 우산을 가져가지 않았다면 그 사람은
폭우가 쏟아질 것을 믿지 않았기 때문이다.
결국 우리는 믿는 만큼 행하게 되어 있다.

> 나는 다른 사람들 앞에서 크리스천이라는 사실을 숨기는가?
> 그렇다면 왜인가?

---

6. 비만 신앙

1 | 전혀 아니다   2 | 아니다   3 | 보통이다   4 | 그렇다   5 | 아주 그렇다

나의 기도 제목을 보면 감사할 것보다 간구할 것이 90% 이상 차지한다.	1 2 3 4 5
내가 하나님께 구한 복의 종착지는 나와 가족이다.	1 2 3 4 5
나는 다른 사람들을 위해 하는 일보다 나와 가족을 위해 하는 일이 월등히 많다.	1 2 3 4 5
배우는 것은 좋아하고 열심히 하는데 다른 사람들의 삶을 위한 봉사는 별로다.	1 2 3 4 5
합계	

- 비만의 원리 : 섭취(나의 복을 채움)가 소비(남의 복을 위해 섬김)보다 많으면 비만에 걸린다.
- 다이어트의 원리 : 소비(남의 복을 위해 섬김)가 섭취(나의 복을 채움)보다 많으면 비만에서 벗어난다.
- 균형의 원리 : 내가 은혜를 받은 만큼 사회에서 그 은혜를 베풀어야 균형이 유지된다.
- 다이어트의 목적 : 채움과 섬김의 균형을 맞춰 건강한 신앙생활을 유지한다.

❓ 내가 영적으로 건강하려면 나를 위한 복을 가득 채워야 한다고 생각하는가? 은혜를 받는 것과 받은 은혜를 나누는 실천의 비율을 어떻게 맞출 수 있겠는가?

_____

_____

_____

7. 입 닫은 신앙 (침묵의 복음)

1 | 전혀 아니다   2 | 아니다   3 | 보통이다   4 | 그렇다   5 | 아주 그렇다

교회로 사람은 데려오지만 영접은 다른 사람에게 맡긴다.	1 2 3 4 5
누군가 "복음이 무엇인가"라고 물으면 딱히 뭐라고 대답해야 할지 모르겠다.	1 2 3 4 5
하나님을 안다고는 하지만 뭐라고 설명하기 어렵다.	1 2 3 4 5
사람들을 많이 만나지만 신앙에 대해서는 언급하지 않는다.	1 2 3 4 5
합계	

> 복음을 말하지 못한다면, 나는 왜 말하지 못하는 것일까?
> 혹시 복음을 모르는 것은 아닐까?

8. 무능력 신앙

1 | 전혀 아니다   2 | 아니다   3 | 보통이다   4 | 그렇다   5 | 아주 그렇다

사회에서 신앙인으로서 어떻게 행동해야 본이 되는지 모르겠다.	1 2 3 4 5
사회에 있다 보면 그 분위기에 휩쓸려 신앙을 지키지 못하고 따라가게 된다.	1 2 3 4 5
사회에서 하나님의 뜻대로 사는 사람들을 보면 유별나다는 생각이 들고 조금 창피하기도 하다.	1 2 3 4 5
언제나 결심은 하지만 사회 속에서 신앙을 드러내는 것이 어렵다.	1 2 3 4 5
합계	

❓ 나는 세상의 분위기에 맞추어 살고 있는가, 아니면 하나님의 뜻에 맞추어 살고 있는가?

_____

_____

_____

❓ 나의 신앙 유형은 어떠한가? 점수가 높게 나온 순서대로 적어 보자. 왜 이런 점수가 나왔는지 생각해 보고 함께 나눠 보자.

1등 _____

2등 _____

3등 _____

4등 _____

신앙 유형에 대한 설명

유형	내 점수	설명
1. 나 홀로 신앙		다른 사람과 관계를 맺지 않고 나 홀로 신앙생활을 하는 사람은, 교회에서뿐만 아니라 사회에서도 신앙적으로 고립된다. 신앙생활을 숨어서 할 가능성이 크다. 신앙의 배움을 주고받을 공동체로 나아감이 바람직하다.
2. 수동적 신앙		교회나 목사의 의견만 따라 사는 신앙은 무게 중심을 잃은 것이다. 그러면 관계 속에서 자발적으로 실천하는 삶을 살기 어렵다. 이런 사람은 좋은 교회를 만나지 못하면 신앙생활에 큰 어려움을 겪게 된다.
3. 자아 상실 신앙		하나님은 우리를 교회 공동체로 부르시지만, 그에 앞서 '나'라는 개인으로 부르셨다. 하나님이 독특하고 아름답게 창조하신 나에게 관심을 갖자. 획일화된 내가 아닌, 세상에 단 하나뿐인 나를 발견하고 사랑해야 한다.
4. 연습만 하는 신앙		나의 신앙은 운전면허증을 따고 한 번도 운전하지 않은 사람과 같지 않은가? 매번 교회 안에서만 훈련하고, 사회로 나가지 않는다면 큰 문제다. 실전에 나가야 진짜 신앙인이다. 도전하라. 연습은 실전을 위한 것이다.
5. 무책임한 신앙		"결혼은 하지만 남편(아내) 노릇은 안 하겠다!"라고 한다면 어떻겠는가? "하나님의 자녀는 되겠지만, 자녀답게 살지는 않겠다!"라는 생각도 마찬가지다. 우리는 구원받은 하나님의 자녀로서 자녀답게 살 책임이 있다.
6. 비만 신앙		성경 공부, 예배, 기도 등으로 나를 채우는 데는 많은 시간을 투자하면서, 실천과 섬김으로 나누는 데는 더디다면 나는 영적으로 비만한 것이다. 내가 은혜를 받은 만큼 사람들에게 은혜를 나누어야 한다.
7. 입 닫은 신앙 (침묵의 복음)		"2 더하기 3은?"이라는 질문에 답을 말하지 못한다면 아는 것일까, 모르는 것일까? 사람들에게 복음을 말하지 못한다면, 둘 중 하나다. 복음을 모르거나, 복음을 부끄러워하거나. 당신은 어느 쪽인가?
8. 무능력 신앙		나는 교회에서만 신앙인인가? 사회에서 신앙인으로 사는 것에 실패한다면 원인이 무엇인가? 우리는 세상과 구별되기 위해 꾸준히 노력해야 한다. 그렇지 않다면 모든 종교 활동은 무의미한 반복에 불과하다.

MY STORY >

이 강을 마무리하며

한 명의 온전한 교회가 되겠다는 것은
참 성도로서의 삶을 살겠다는 결단이다.
영혼 없이 예배 드리며 세상과 똑같은 거품 같은 성도가 될지,
죄와 세상에 늘 무기력하게 무너지고,
세상을 따라가고 부러워하는 무능한 가짜 성도가 될지,
복음을 아는지 모르는지 침묵하며 숨기고 사는
비겁한 성도가 될지,
아니면 삶으로 말로 복음을 분명히 드러내는 성도가 될지
결정해야 한다.

전심으로 드리는 경건, 힘써 살아가는 세상.
죄를 이기는 영적 실력, 복음을 말하는 삶.
교회 껍질만 끌고 가는 것이 아니라
온 성도가 진짜 교회 자체가 되는 꿈.
진짜 성도의 삶은
어디를 가든 그 한 명이 온전한 교회(성전)가 되어
굳건히 서는 것이다.

MY STORY >
HIS STORY >
OUR STORY >

2강

하나님의 사랑 가득 채우기

추천 도서 | 『감춰진 은혜 선악과』 (생명의말씀사)
김민정 목사 TV 〈사랑의 증거, 선악과〉
설교 동영상으로 연결됩니다.

❓ 하나님이 나를 사랑하신다는 사실에 의문이 드는 순간이 있는가? 언제 그런가? 예를 들어 설명해 보자.

예) 나의 오랜 기도 제목이 응답받지 못할 때
　　나에게 고통스러운 일이 생길 때
　　내가 원하는 삶을 살 수 없어 절망할 때
　　다른 사람들은 너무 쉽게 잘되는 것처럼 보이고 나만 힘들어 보일 때
　　내 인생이 남들보다 안 풀리는 것 같을 때

우리는 왜 하나님이 내가 원하는 만큼
나를 충분히 사랑하신다는 사실을 믿지 못할까?
문득문득 '하나님은 나보다 다른 사람을 더 사랑하셔'라거나,
'하나님은 내가 행복하기를 원하지 않으시나 보다'라는
의구심을 갖게 된다.

이런 의문을 우리는 그저 나의 신앙의 아주 작은 일부분,
혹은 일시적인 생각 정도로 여기며 대수롭지 않게 넘기지만,
실은 그렇지 않다.
이런 생각은 내가 하나님의 전적인 사랑을 믿지 못한다는 증거다.
그래서 문제가 생길 때마다 마음 깊은 곳에서부터
이런 의구심이 불쑥불쑥 올라오는 것이다.

이 의구심을 해결하려면 어디서부터 시작하는 게 좋을까?
성경은 나를 향한 하나님의 사랑의 메시지로 가득하다.
그런데 성경이 모두 이해가 되는 것은 아니다.
특히 선악과만큼 하나님의 사랑을 의심하게 하는 사건은 없다.
하나님은 왜 선악과를 만드셨을까?
그 또한 나를 향한 사랑이라고 답할 수 있을까?

만일 선악과 또한 하나님의 사랑임을 증명한다면,
이해할 수 없는 성경의 다른 많은 사건들도
하나님의 사랑임을 확신할 수 있을 것이다.
그래서 다소 어려운 길이지만,
가장 근본적인 문제를 해결하는 길,
선악과에 대한 오해를 푸는 이 길을 선택했다.

**선악과를 만드신 하나님은 어떤 분 같은가?
다음과 같은 의문이 든 적은 없는가?
그래도 여전히 선하고 나를 사랑하시는 분 같은가?**

예) 과일 하나 따 먹었을 뿐인데 너무 가혹한 처벌 아닌가?
　　하나님이 선악과를 만들지 않으셨다면,
　　인간이 이렇게 고통받지 않았을 텐데…
　　지옥에 갈 일도 없었을 텐데…
　　사탄이 지배하는 세상에서 힘들게 살지 않아도 되었을 텐데…

MY STORY >

가장 강력한 사랑의 증거, 선악과

"여호와 하나님이 그 사람을 이끌어 에덴 동산에 두어 그것을 경작하며 지키게 하시고 여호와 하나님이 그 사람에게 명하여 이르시되 동산 각종 나무의 열매는 네가 임의로 먹되 선악을 알게 하는 나무의 열매는 먹지 말라 네가 먹는 날에는 반드시 죽으리라 하시니라"(창 2:15-17).

1. 과일 하나 따 먹은 죄로 모든 인류의 죽음이 왔다?

나무 열매를 하나 따 먹었다고 인류에게 가장 치명적인 결과인
죽음을 내리시다니, 억울하다는 생각이 들지는 않는가?
나무 열매를 따 먹은 것이 그렇게 큰 죄인가?
아니, 아담과 하와의 죄는 단순히 과일 하나 따 먹은 죄가
아닌 걸까? 말씀을 통해 알아보자.

"선악을 알게 하는 나무의 열매는 먹지 말라 네가 먹는 날에는 반드시 죽으리라 하시니라"(창 2:17).

**❓ 선악과는 어떤 나무의 열매인가?
하나님은 그 열매를 먹으면 어떻게 되리라고 말씀하셨나?**

_____
_____
_____
_____
_____

"너희가 그것을 먹는 날에는 너희 눈이 밝아져 **하나님과 같이 되어** 선악을 알 줄 하나님이 아심이니라"(창 3:5).

사탄은 무엇이라고 말했나?

_____
_____
_____

사탄은 '하나님과 같이 되어'에 초점을 두고
아담과 하와를 유혹했다.
선악과를 먹으면 '하나님처럼' 선악을 알게 된다고 말이다.
그리고 아담은 사탄의 말대로 선악을 알게 되었다.

그렇다면 여기서 또 다른 의문이 든다.
선악과를 금하신 하나님은 아담과 하와가 선악을 모른 채
분별력 없이 살기를 바라신 것일까?

과연 아담이 알게 된 선악은 어떤 선악인가?

_____
_____
_____
_____
_____

본래 선악의 기준은 하나님이시다.
하나님이 만물의 창조주이며 왕이시기 때문이다.
그래서 하나님이 "선하다" 하시면 선한 것이고,
하나님이 "악하다" 하시면 악한 것이다.
인간은 하나님이 나의 주인이심을 받아들여야 한다.

"하나님과 같이 되어 선악을 알 줄"이라는 사탄의 유혹에는
하나님 기준의 선악을 거부하고,
인간이 스스로 선악의 기준이 되라는 의도가 숨겨져 있다.
사탄은 선악의 주인인 하나님을 끌어내리고,
네가 그 주인이 되라고 유혹한 것이다.

그래서 사탄을 통해 아담이 알게 된 선악은
하나님을 기준으로 한 선악이 아니라,
인간을 기준으로 한 선악이다.
그 결과 모든 사람이 자신의 주인이 되어서
자기 소견에 옳은 대로 선악을 정하게 되었다.
나에게 유익한 것이 선이 되고,
나에게 손해가 되는 것은 악이 되었다.
즉, 아담은 가장 이기적인 선악의 기준을 갖게 된 것이다.

❓ 내 기준의 선과 악은 언제나 옳은가?
예) 나에게 선한 것이 나의 경쟁 상대에게도 선하게 보일까?

❓ **하나님이 선하다고 하신 성경에 나오는 기준들이 언제나 납득이 되나?**

예) 원수를 사랑하라, 5리를 가자고 하면 10리를 가라 등

우리는 모두 아담의 죄로 오염되었다.
우리는 모두 죄의 값인 사망을 피할 수 없다.
선악의 기준이신 하나님을 하나님의 자리에서 몰아내고
그 자리를 차지하려 한 결과다.
선악과를 따 먹은 죄는 과일 하나 따 먹은 죄가 아니다.
하나님을 주인의 자리에서 내몰고
자신이 주인이 되고자 한 반역 행위다.

이것이 모든 사람이 지니고 태어나는 죄다.
우리는 모두 태어날 때부터 하나님을 거부하고
스스로 선악을 정하는 자리를 차지하려는 성향을 지닌다.

2. 인간을 사랑하신다면서 다 허용하시면 안 되었나?

여기서 또 다른 의문이 든다.
그렇다면 하나님이 어떤 제한도 두지 않고 다 허락하셨다면 좋지 않았을까? 하나님은 인간을 사랑하신다면서 왜 모든 것을 허용하지 않으셨을까?
왜 굳이 이런 제한을 두셨을까?

> 사랑은 정말 모든 것을 허용하는 것인가?
> 나는 자녀 혹은 연인에게 그들이 원하는 모든 것을 제공하는가?

_____

_____

_____

_____

_____

_____

_____

_____

그렇게 사랑하는 자녀가 원하는데 왜 밤새 오락하는 것을 허용하지 않는가? 그렇게 놀고 싶어 하는데 학교도 가지 말고, 회사도 가지 말고, 평생 놀게 하면 안 되나?
조금만 생각해 보라. 사랑은 모든 것을 허용하는 게 아니다.
사랑은 그가 좋은 것을 선택하게 하는 데 있다.

"나는 당신과 결혼하겠습니다!"라는 말은
선택과 포기를 동시에 포함하고 있다.
당신을 선택한다는 것은 다른 모든 여자(혹은 남자)를
포기한다는 의미이다.
한 사람을 사랑하기로 선택한다는 것은,
나머지를 모두 포기한다는 것과 같다.

**사랑은 배타성을 갖는다는 말에 동의하는가?
사랑하기 때문에 제한을 둔다는 것에 대해 어떻게 생각하는가?**

사랑하니까 모든 것을 허용하라는 말은 모순이다.
사랑은 서로를 선택하는 것이고,
다른 것을 보지 않겠다는 선언이다.
우리를 향한 하나님의 사랑이 이해가 가지 않을 때는
연인 간의 사랑을 생각하면 많은 부분 이해할 수 있다.
질투하시는 하나님이 이해되지 않는 이유는
하나님의 사랑을 부자지간의 사랑으로만 이해하기 때문이다.
우리는 하나님의 신부로 부르심을 받았음을 기억해야 한다.
하나님은 우리를 너무도 사랑하시기에
모든 것을 허용하지 않으신다.

**❓ 어떤 사람이 어쩔 수 없이 강제적으로
나에게 사랑을 고백한다면 어떻겠는가? 그래도 기쁘겠는가?**

예) 총을 들이댄 상황, 내가 재벌이라서, 나의 조건만 보고, 두려워서 등

사랑 고백은 가장 자유로운 선택이 가능할 때 빛을 발한다.
아니, 더 많은 좋은 것이 있음에도 불구하고
나를 택할 때 더 큰 기쁨이 있다.
거절할 자유가 있음에도 나를 선택할 때
그 진심이 빛을 발한다.
그래서 하나님은 인간에게 거절할 자유를 주시고
아담의 선택에 온전함을 더하셨다.
왜 그러셨을까?
사랑은 철저히 자발적일 때 의미가 있기 때문이다.

3. 도대체 하나님이 아담에게 원하신 것은 무엇이었을까?

하나님은 아담을 종처럼 부리려고 만드시지 않았다.
하나님은 아담이 가장 완벽한 동산에서 가장 아름다운 선물을 누리며 하나님과 사랑의 교제를 나누기를 바라셨다.

> 누군가가 나를 사랑한다고 할 때 무엇으로 그의 진심을 확인하는가?
> 그가 나의 무엇을 사랑한다고 할 때 온전히 사랑받는다고 느끼는가?
> 나의 어떤 기능인가, 존재 그 자체인가?

> 하나님이 아담을 신부로 삼으신 것은
> 그를 어떤 격으로 부르신 것인가? 노예인가, 자녀인가?

아담은 하나님께 드릴 것이 없었다.
아담이 누리는 모든 것이 하나님께로부터 왔기 때문이다.
그렇다면 신부로 부름받은 아담은 자신의 진심 어린 사랑을
어떻게 증명할 수 있었을까?
선악과에는 하나님의 명령에 대한 순종의 의미만 있는 것이 아니다.
하나님은 선악과를 통해 아담이 하나님을 선택할 수 있게 하셨다.
그러나 아담은 하나님이 아닌 사탄을 선택했다.

"그러므로 한 사람으로 말미암아 죄가 세상에 들어오고 죄로 말미암아 사망이 들어왔나니 이와 같이 모든 사람이 죄를 지었으므로 사망이 모든 사람에게 이르렀느니라"(롬 5:12).

나는 하나님의 신부로서 어떤 모습으로 살아가고 있는가?
하나님이 나를 존중하시는 만큼 나도 나를 존중하는가?

4. 하나님은 왜 인간을 순종하는 로봇으로 만드시지 않았을까?

'하나님이 차라리 나를 하나님의 뜻을 절대 거절할 수 없는 로봇, 즉 순종 로봇으로 만드셨다면 좋았겠다' 싶은 순간이 있다. 그러면 편했을 텐데, 하나님은 인간을 그렇게 만드시지 않았다. 왜 그러셨을까?

❓ 로봇과 인격적 사랑이 가능할까? 사랑은 무엇으로 증명되는가?

❓ 거절할 자유를 빼앗긴 인간의 사랑은 무슨 의미가 있는가?

죄를 선택(하나님을 거절)할 위험이 있음에도 불구하고
하나님은 인간에게 자유의지를 주실 수밖에 없었다.
그래야만 우리의 진심 어린 사랑 고백이 의미를 갖기 때문이다.
그만큼 하나님은 인간을 존중하셨다.

> **하나님이 그렇게 원하시는 나의 마음, 나의 사랑 고백을
> 나는 얼마나 중요하게 여기는가?**

―――――――――――――――――――――――――
―――――――――――――――――――――――――
―――――――――――――――――――――――――
―――――――――――――――――――――――――
―――――――――――――――――――――――――
―――――――――――――――――――――――――
―――――――――――――――――――――――――
―――――――――――――――――――――――――
―――――――――――――――――――――――――

헌금하고, 봉사하고, 모임에 열심히 참석하는 일은 다 필요하다.
그러나 그 무엇보다 중요한 것은
하나님을 진심으로 사랑하는 나의 마음이다.
그 마음이 사라지고 행동만 있다면,
그것은 더 이상 사랑이 아니라
하기 싫은 억지 의무에 불과하다.

5. 하나님을 선택하는 일은 그렇게 어려운 일이었을까?

하나님이 인간에게 기대하셨던 것,
즉 선악과를 따 먹지 않음으로 하나님을 선택하고
그분을 사랑하는 마음을 보이는 자발적인 선택은
아담에게 그렇게 어려운 일이었을까?
목숨이 위기에 내몰린 상황에서 선악과를 먹느냐 마느냐를
결정해야 했던 것일까?

> **선악과가 에덴동산에서 제일 맛있고 향기로운 과일이었을까?
> 에덴동산에는 선악과 말고는 먹을 것이 없었나?**

_____

_____

_____

_____

_____

_____

_____

_____

아내가 남편에게 "다른 건 다 되지만
다른 여자와 바람을 펴서는 절대 안 돼"라고 말했다고 하자.
이것은 남편에게 그토록 지키기 어려운 조건일까?
이것이 억압이라고 생각되는가?
그렇다면 그 결혼은, 그리고 그 사랑은 이미 의미가 없는 것이다.

잘 차려 놓은 뷔페에서 아이에게
"저기 있는 와인만 빼고 나머지는 다 먹어도 돼"라고 말하는 것이
아이를 향한 억압이 아니듯,
하나님이 선악과를 제한하신 것도 억압이 아니다.
억압이라고 하기에는 하나님이 이미 아담에게
아주 많은 것들을 허용하셨고 아주 많은 선물들을 주셨다.

❓ 나는 하나님을 위해 스스로 무언가를 제한한 경험이 있는가?
어떤 마음에서 그렇게 하려 했는가?

❓ 하나님에 대한 불신이 마음속에 자리 잡고 있다면,
무엇이 원인인지 생각해 보자.
언제 어떤 일로 그런 불신이 쌓였는가?

6. 선악과는 정말 아담의 범죄를 유도하기 위해 설치된 덫이 아닌가? 선악과가 유도된 덫이 아니라는 사실을 어떻게 증명할 것인가?

> 덫이란 무엇인가? 덫은 어떤 마음으로 놓는 것인가?
> 누군가에게 해를 입힐 목적으로 덫을 놓은 적이 있는가?

> 사탄을 선택한 아담의 원죄*를 해결하기 위해
> 하나님은 무엇을 준비하셨나?
>
> *원죄 : 아담이 선악과를 따 먹음으로 모든 인류가 하나님과 단절된 최초의 죄(롬 5:12 참조).

"여호와 하나님이 뱀에게 이르시되 네가 이렇게 하였으니 네가 모든 가축과 들의 모든 짐승보다 더욱 저주를 받아 배로 다니고 살아 있는 동안 흙을 먹을지니라 내가 너로 여자와 원수가 되게 하고 네 후손도 여자의 후손과 원수가 되게 하리니 여자의 후손은 네 머리를 상하게 할 것이요 너는 그의 발꿈치를 상하게 할 것이니라 하시고"(창 3:14-15).

하나님은 아담의 죄로 인한 결과(지옥)를 해결하기 위해
예수 그리스도를 예비하셨다.
그리고 결국 자신의 독자 아들을 이 땅에 보내
십자가에 죽게 하심으로 죄의 문제를 해결하셨다.

❓ **선악과가 가져온 결과로 인해 가장 큰 희생을 치른 존재는 누구인가?**

_____
_____
_____
_____
_____
_____
_____

선악과가 유도된 덫이라면 십자가는 없어야 했다.
생각해 보라. 아담이 죄를 지은 결과,
인류에게 지옥이라는 영원한 죽음이 들어왔다.
이 문제를 해결하기 위해 예수님이 십자가에서 죽으셔야 했다.
선악과가 정말 인간을 괴롭히려는 목적으로 설치된 덫이라면,
예수님은 죽으실 필요가 없었다.
그 목적이 성취되었기 때문이다.
그러나 그것이 목적이 아니었기에
예수님은 십자가에서 죽으셔야 했다.

7. 하나님의 첫 번째 프러포즈, 그리고 마지막 프러포즈

하나님은 인간과 아름답고 진심 어린 사랑을 나누기 원하셨다.
사랑하는 사람의 진심을 확인하고 싶다면,
그가 억지로 사랑을 고백할 요소를 철저히 배제해야 한다.
그래야 상대의 진짜 마음을 알 수 있으니 말이다.

> 하나님은 왜 인간에게 자발적인 순종을 원하시는가?
> 왜 인간을 순종하는 로봇으로 만드시지 않고,
> 거절할 자유를 주셨을까?

_____
_____
_____
_____
_____
_____

아름다운 동산을 선물하고 사랑의 마음을 나누기 원하신 하나님의
첫 번째 프러포즈(선악과의 순종)는 아담에 의해 무참히 거절되었다.
그리고 그것을 회복하기 위해 하나님이 우리에게 주신
마지막 프러포즈가 십자가다.
왜 이것이 마지막 프러포즈일까?
신이 이 땅에 와서 죽음을 택했기 때문이다.
그 이상의 대안이 있겠는가?
하나님은 우리 인간에게 더 이상 줄 것 없이
모든 것을 다 쏟아 주셨다.

"한 사람의 범죄로 말미암아 사망이 그 한 사람을 통하여 왕 노릇 하였은즉 더욱 은혜와 의의 선물을 넘치게 받는 자들은 한 분 예수 그리스도를 통하여 생명 안에서 왕 노릇 하리로다"(롬 5:17).

> 십자가라는 하나님의 두 번째 프러포즈는 인간을 향한 마지막 프러포즈가 되었다. 그래서 이제 십자가를 거절하면 더 이상 하나님과의 회복은 없다. 당신은 이 프러포즈를 받았는가?

> 나도 마지막 프러포즈를 받아야 하지만 다른 사람들도 마찬가지로 십자가의 생명의 기회를 붙잡아야 한다. 이것이 마지막 기회이기 때문이다. 내가 이 은혜를 전해야 할, 예수 그리스도를 알지 못하는 지인이 있는가?

"우리가 아직 죄인 되었을 때에 그리스도께서 우리를 위하여 죽으심으로 하나님께서 우리에 대한 자기의 사랑을 확증하셨느니라"(롬 5:8).

하나님은 십자가를 통해서 하나님의 사랑을 확증하셨다.

우리는 이제 하나님의 진심을 알아야 한다.
인간이 저지른 최악의 죄를
아들 예수 그리스도의 죽음으로 해결하신 하나님.
가장 의심스럽고 가장 이해되지 않는 선악과 역시
하나님의 사랑이라면,
우리가 이해할 수 없는 성경의 다른 모든 구석마다
하나님의 사랑이 가득 차 있음을 믿어야 한다.

인간을 향한 그 어떤 것도 덫이 아니다.
인간을 향한 그 어떤 것도 미움이 아니다.
인간 스스로 생각하는 어떤 지위도
하나님이 부여하신 존귀함보다 더 높지 않다.
이것이 하나님이 선악과를 통해 우리에게 보이신 사랑이고 증거다.

그리고 나는 이 마지막 프러포즈를 받아들이지 못한 자들을 향해
나아가야 할 사명이 있다.

> 당신은 선악과에서 십자가까지의 여정을 통해
> 하나님의 사랑에 대해서 의심했던 부분에 변화가 있었는가?

MY STORY >
HIS STORY >
OUR STORY >

3강

나의 인생 STORY 리모델링

> 대학 시절, 옷 입은 사람을 그리는 일러스트 강의가 있었다.
> 의상학과 학생이었던 나는 필수 과목으로 그 강의를 들어야 했다.
> 당시 많은 학생들이 학원에서 미리 그림을 배우고 온 터였다.
> 나쁘지는 않았지만, 누가 그렸는지 구분이 안 될 정도로
> 다들 똑같은 모습의 예쁜 인형 같은 사람을 그려댔다.
> 교수는 프랑스 유학을 갓 마치고 돌아온 참이었는데,
> 첫날 이런 말을 했다. "자기의 그림을 찾으세요.
> 지금 그리는 그림은 자신의 그림이 아닙니다."
> 우리는 그 말이 무슨 뜻인지 전혀 알아들을 수 없었다.
> '아니, 그림만 잘 그리면 되는 것 아닌가?
> 무슨 뜬금없이 자기를 발견하라는 거지…….'
> 한 학기 내내 그 수업은 정말 고역이었다.
> 잘 그린 그림을 가져가도 다시 그리라는 말뿐이었다.
> 이 일을 반복하기를 3개월, 그런데 언제부터인가
> 서로 다른 그림을 그리는 자신을 발견했다.
> 놀랍게도 그림들은 각자 개성이 있을 뿐 아니라,
> 그린 사람을 조금씩 닮기도 했다.
> 그제야 우리는 "자신의 그림을 찾으라"는 말의 의미를 알게 되었다.

'자신을 찾는다'는 것은 어쩌면 참 어려운 일이다.
하나님은 우리를 독특하고 아름다운 존재로 만드셨다.
그러기에 하나님이 나에게 주신 특별한 선물을 발견하는 것은
반드시 나를 위해 필요한 일이다.
3강에서는 내가 살아온 이야기 속에서
나만의 히스토리를 찾을 것이다.
나의 이야기 속에 숨겨진 하나님의 고유한 일하심을 발견하고
나만의 보석들을 찾는 시간이 되기를 바란다.

나의 이야기 쓰기

1. 내가 태어나서 열 살이 될 때까지 어떤 일이 있었는지를 기록해 보자.

- 나는 어떤 배경에서 성장했는가?
- 어떤 에피소드들이 기억나는가?
- 때로 힘들었던 기억이 먼저 떠오를 수 있다. 그것을 기록해 보자.
- 힘들었던 일들 사이에 어떤 좋은 일들이 있었는지 기록해 보자.
- 좋았던 점들, 즐거웠던 일들, 나의 부모님이나 양육자들은 어떠했는지, 내가 살았던 곳들에 대해 그 느낌들을 적어 보자.
- 그리고 그 순간순간 하나님이 어디에 계셨으며 어떻게 일하셨는지 생각하며 적어 보자.

2. 내가 열 살부터 스무 살이 될 때까지, 사춘기 시절을 중심으로 기록해 보자.

- 그때 나는 어떤 상황에 있었는가?
- 어떤 에피소드들이 기억나는가?
- 나를 제일 괴롭혔던 것은 무엇이었는가?
- 힘들었던 기억들 사이에 어떤 좋은 일들이 있었는가?
- 좋았던 점들, 즐거웠던 일들, 나를 지지해 준 사람들은 어떠했는지, 내가 살았던 곳들 등에 대해 그 느낌들을 적어 보자.
- 그리고 내가 힘들 때 하나님이 어디에 계셨으며 어떻게 일하셨는지 생각하며 적어 보자.

3. 내 인생의 기점(입시, 유학, 결혼, 사건, 사고, 출산 등) 이후의 삶을 중심으로 써 보자.

- 그 시절 가장 기억에 남는 것은 무엇인가?
- 그 이후 나의 삶은 어떻게 달라졌는가?
- 기억나는 에피소드들을 적어 보자.
- 어떤 일들이 힘들었는가?
- 어떤 좋은 일들이 있었는가?
- 나의 지지자들은 누가 있었는지,
  내가 살았던 곳들 등에 대해 그 느낌을 적어 보자.
- 그리고 그 순간순간 하나님이 어디에 계셨으며
  어떻게 일하셨는지 생각하며 적어 보자.

4. 나의 가장 고통스러웠던 시절을 기록해 보자.

- 어떤 일이 있었는가?
- 그때 내 마음은 어떠했는가?
- 그때 나를 힘들게 했던 사람은 누구인가?
- 그때 누가 나를 도와주었는가?
- 그때 하나님이 나에게 어떤 힘이 되어 주셨는가?
- 혹시 하나님께 섭섭한 점은 없었는가?
- 어떻게 그 고비를 넘기고 지금까지 살아왔는가?
- 지금은 어떻게 살고 있는지 생각하며 적어 보자.

❓ 다 쓰고 난 소감은 어떠한가? 나의 인생은 어떠했다는 생각이 드나?

❓ 어린 시절은 어떠했는가?
어른의 눈으로 본 내 모습 중 아쉬웠던 점이 있는가?

❓ 내가 지금의 아이들을 바라보는 시선과
내가 어릴 때 느꼈던 마음을 비교하면 어떤가?

❓ 하나님은 내가 지금보다 신앙이 안 좋았을 때도
여전히 나를 보호하고 계셨는가?

❓ 내 삶의 고통을 통해 나는 어떤 점에 변화가 생겼는가?

❓ 내 인생 가운데 하나님은 어떤 분이셨는가?

❓ **나의 인생 글쓰기를 마치고 나서 이전과 비교해 달라진 긍정적인 관점이 있다면 무엇인가?**

❓ **내 삶에서 고통스러웠던 일과 좋았던 일의 비율은 어느 정도인가?**

❓ **나의 기억 중에 왜곡된 것은 없는가? 고통이 과장된 부분은 없는가?**

❓ **나의 기억들 중에 조정해서 다시 저장해야 할 부분은 없는가?**
예) '나의 유년기는 고통 자체였어!'라고 생각했으나 좋은 점도 있음을 발견했다.

이 강을 마무리하며

과거를 직면하는 일은 때로 어렵고 고통스럽다.
그러나 지난 내 인생을 찬찬히 돌아보면,
생각보다 좋은 일들과 추억들이 많다.
그것을 발견하고 기억의 전면에 내세우는 시간이었기를 바란다.

하나님은 당신이 교회에 다니기 훨씬 이전부터,
당신이 이 땅에 태어나기 전부터 함께하셨다.
당신을 지키셨고, 보호하셨고, 인도하셨다.
우리의 기억은 때로 너무 많이 왜곡되어 있다.
강렬한 고통의 기억 하나만으로
나의 모든 인생이 나빴던 것처럼 비관하기도 한다.
감정보다 실제를 돌아보고
순간순간 하나님의 함께하심이 있었음을 기억하고 감사하자.
당신의 인생은 당신 혼자 만든 것이 아니다.
하나님이 함께 당신의 인생을 소중히 만들어 오셨다.

당신은 그 누구보다,
그 무엇보다 찬란하게 아름답고
소중하다.

MY STORY >
HIS STORY >
OUR STORY >

4강

나의 기도 패턴
새롭게 하기

추천 도서 | 『하나님과 함께하는 출근길 365』
『하나님과 함께하는 아침기도 365』
『하나님이 도우시는 치유의 시간』
(이상 생명의말씀사)

신앙생활을 하면서 기도하지 않는 사람은 없다.
그러나 열심히만 할 뿐,
내가 기도를 제대로 잘하고 있는지 고민하는 사람은 적다.
그리스도인의 삶은 일평생 기도하는 삶이다.
그러기에 기도를 올바로 하는 것은 매우 중요하다.
기도가 곧 인생이기 때문이다.
일평생 숨 쉬듯 하는 그 기도가
나의 가치관과 나의 미래를 결정한다.
4강에서는 나의 기도를 점검하고
또 새롭게 하는 기회를 만들고자 한다.

> **나는 주로 어떤 기도를 하는가?**
> 나의 기도 제목들과 기도의 대상들을 구체적으로 나열해 보자.

💬 내가 나열한 기도 제목들을 다시 읽어 보라.
그중에 하나님의 뜻에 조금이라도 걸리는 부분이 있다면,
혹은 미심쩍은 부분이 있다면 수정해 보자.
이전과 이후를 다 볼 수 있도록 수정한다.

MY STORY >

성경을 통해 기도 살펴보기

예레미야 28:1-29:14 (남 유다의 멸망)

말씀의 내용을 마음에 새기며 자세히 읽어 보자.

> "만군의 여호와 이스라엘의 하나님이 이같이 일러 말씀하시기를 내가 바벨론의 왕의 멍에를 꺾었느니라 내가 바벨론의 왕 느부갓네살이 이 곳에서 빼앗아 바벨론으로 옮겨 간 여호와의 성전 모든 기구를 이 년 안에 다시 이 곳으로 되돌려 오리라 내가 또 유다의 왕 여호야김의 아들 여고냐와 바벨론으로 간 유다 모든 포로를 다시 이 곳으로 돌아오게 하리니 이는 내가 바벨론의 왕의 멍에를 꺾을 것임이라 여호와의 말씀이니라 하니라" (렘 28:2-4).

❓ 거짓 선지자 하나냐는 어떤 예언을 했는가?
그가 하나님의 말씀이라고 전한 내용을 요약해 보자.

_____

_____

_____

_____

_____

_____

_____

"선지자 하나냐가 선지자 예레미야의 목에서 멍에를 꺾어 버린 후에 여호와의 말씀이 예레미야에게 임하니라 이르시기를 너는 가서 하나냐에게 말하여 이르기를 여호와의 말씀에 네가 나무 멍에들을 꺾었으나 그 대신 쇠 멍에들을 만들었느니라 만군의 여호와 이스라엘의 하나님께서 이와 같이 말씀하시니라 내가 쇠 멍에로 이 모든 나라의 목에 메워 바벨론의 왕 느부갓네살을 섬기게 하였으니 그들이 그를 섬기리라 내가 들짐승도 그에게 주었느니라 하라 선지자 예레미야가 선지자 하나냐에게 이르되 하나냐여 들으라 여호와께서 너를 보내지 아니하셨거늘 네가 이 백성에게 거짓을 믿게 하는도다 그러므로 여호와께서 이와 같이 말씀하시되 내가 너를 지면에서 제하리니 네가 여호와께 패역한 말을 하였음이라 네가 금년에 죽으리라 하셨느니라 하더니 선지자 하나냐가 그 해 일곱째 달에 죽었더라"(렘 28:12-17).

하나님은 선지자 예레미야를 통해 하나냐에게 어떻게 반응하셨는가?

"너희는 집을 짓고 거기에 살며 텃밭을 만들고 그 열매를 먹으라 아내를 맞이하여 자녀를 낳으며 너희 아들이 아내를 맞이하며 너희 딸이 남편을 맞아 그들로 자녀를 낳게 하여 너희가 거기에서 번성하고 줄어들지 아니하게 하라 너희는 내가 사로잡혀 가게 한 그 성읍의 평안을 구하고 그를 위하여 여호와께 기도하라 이는 그 성읍이 평안함으로 너희도 평안할 것임이라 만군의 여호와 이스라엘의 하나님께서 이와 같이 말씀하시니라 너희 중에 있는 선지자들에게와 점쟁이에게 미혹되지 말며 너희가 꾼 꿈도 곧이 듣고 믿지 말라 내가 그들을 보내지 아니하였어도 그들이 내 이름으로 거짓을 예언함이라 여호와의 말씀이니라 여호와께서 이와 같이 말씀하시니라 바벨론에서 칠십 년이 차면 내가 너희를 돌보고 나의 선한 말을 너희에게 성취하여 너희를 이 곳으로 돌아오게 하리라 여호와의 말씀이니라 너희를 향한 나의 생각을 내가 아나니 평안이요 재앙이 아니니라 너희에게 미래와 희망을 주는 것이니라 너희가 내게 부르짖으며 내게 와서 기도하면 내가 너희들의 기도를 들을 것이요 너희가 온 마음으로 나를 구하면 나를 찾을 것이요 나를 만나리라 이것은 여호와의 말씀이니라 나는 너희들을 만날 것이며 너희를 포로된 중에서 다시 돌아오게 하되 내가 쫓아 보내었던 나라들과 모든 곳에서 모아 사로잡혀 떠났던 그 곳으로 돌아오게 하리라 이것은 여호와의 말씀이니라"(렘 29:5-14).

> 하나님이 예레미야를 통해 보이신 남 유다를 향한 뜻은 무엇인가? 하나님은 그들이 바벨론에서 어떤 태도로 살기 원하셨는가?

남 유다의 멸망에 대해 두 가지 상반된 예언이 있었다.
거짓 선지자 하나냐는 2년 만에 회복될 것이라는
듣기 좋은 소식을 전했고,
참 선지자 예레미야는
70년만에 회복될 것이라는 듣기 힘든 소식을 전했다.
남 유다의 왕과 백성들은 70년이라는 긴 세월을 거부하고
하나냐의 거짓 예언을 들었다.
그들에게는 하나님의 뜻보다
고난을 빨리 끝내는 것이 가장 중요했기 때문이다.

> **기도에 대해서 나의 뜻과 하나님의 뜻이 다를 수 있다고 생각한 적 있는가? 함께 이야기해 보자.**

요한복음 5:1-16 (38년 된 병자)

말씀의 내용을 마음에 새기며 자세히 읽어 보자.

> "예수께서 그 누운 것을 보시고 병이 벌써 오래된 줄 아시고 이르시되 네가 낫고자 하느냐 병자가 대답하되 주여 물이 움직일 때에 나를 못에 넣어 주는 사람이 없어 내가 가는 동안에 다른 사람이 먼저 내려가나이다"(요 5:6-7).

❓ 예수님은 38년 된 병자를 만나 무엇을 물으셨는가? 그리고 병자는 예수님께 어떻게 대답했는가?

_____

_____

_____

_____

_____

❓ 38년 된 병자가 매일매일 부족하다고 여겼던 필요는 예수님이 질문하신 본질과 일치하는가? 못에 넣어 줄 사람과 병이 낫는 것 중에서 어느 것이 더 본질적이며 나은 필요인가?

_____

_____

_____

_____

_____

"그 후에 예수께서 성전에서 그 사람을 만나 이르시되 보라 네가 나았으니 더 심한 것이 생기지 않게 다시는 죄를 범하지 말라 하시니"(요 5:14).

❓ 38년 된 고질병이 나은 그에게 예수님이 원하신 것은 무엇인가?

38년 된 병자는 도울 사람을 보내 달라고 예수님께 요청했다.
이것은 상황상 맞는 요청이었지만,
그의 본질적인 필요를 나타내는 것은 아니었다.
근본적으로 그에게는 병이 낫는 일이 필요했다.
더 근본적으로는 영적으로 구원받는 일이 필요했다.
그런데 병 고침을 받은 후 그는 어떻게 했는가?
유대인들에게 가서 자기를 고친 이는 예수라 말했다.
그리고 이 일이 계기가 되어 예수님은 박해를 받게 되셨다.

나의 기도가 때로는 하나님의 뜻과 다를 수 있다는,
또는 하나님의 뜻에 반할 수 있다는 경각심을 가져야 한다.
성경에 나타나지는 않지만 유추해 보건대
고침을 받은 병자는
예수님이 자신을 하필 안식일에 고치셔서 곤란하게 하셨다고
불평하는 마음을 품었을 수 있다.

그는 고침을 받고서도 곤란해진 상황을 모면하기 위해
예수님을 궁지에 몰아넣었다.

나는 어떠한가?
간절히 기도하여
병 고침을 받았으나 병원비가 많이 나왔다?
직장에 들어갔으나 어려운 상사를 만났다?
대학에 들어갔으나 등록금이 마련되지 않았다?
결혼을 했으나 내 상상과 다르다?

과연 38년 된 병자의 마음과 나의 마음은 무엇이 다른가?

나도 38년된 병자와 같이 기도하지 않는가?

성경과 나의 기도 비교해 보기

이제 두 성경적 배경을 가지고 나의 기도를 살펴보자.
앞의 성경 내용은 내 기도의 패턴을 점검하는 데
아주 좋은 도구가 될 것이다.
성경 본문의 내용과 과정, 하나님의 뜻,
그들의 상황에 근거한 표면적 간구 등을
나에게도 적용해 점검해 보자.

1. 예레미야의 예

- 상황 : 유다의 멸망
- 첫 기도 : 가장 빠른 해방
- 하나님의 뜻 : 70년 포로 생활
- 수정된 기도 : 70년의 좋은 정착
- 하나님의 약속 : 회복
- 발전된 기도 : 소망의 기도

2. 38년 된 병자의 예

- 상황 : 38년 된 고질병
- 첫 기도 : 도와줄 사람
- 예수님의 뜻 : 치유
- 수정된 기도 : 치유
- 예수님의 더 근본적인 뜻 : 영적 회복
- 발전된 기도 : 영적 구원

	상황	기도 1 (인간적 기도)	하나님의 뜻	기도 2 (하나님의 뜻 에 따른 기도)	하나님의 약속, 명령	기도 3 (근본적인 기도)
남 유다	멸망	즉각적인 해방	포로생활 70년 후 해방	정착	회복	소망
38년 된 병자	질병	도울 사람	치유	치유	영적 회복	영적 구원
예) 나의 상황	수능 → 불임 → 이혼 → 실업 → 가난 →	대학 합격 임신 재혼 취직 부자	과연 ?	?	?	?
나의 상황 1						
나의 상황 2						
나의 상황 3						
나의 상황 4						
나의 상황 5						

보이는 상황을 해결받으려는 나의 기도는 너무 단편적이지 않은가? 성경을 보면, 보이는 상황이 전부가 아닌 경우를 많이 찾아볼 수 있다. 인간인 내가 판단하는 그 상황의 해결책보다 하나님의 뜻이 훨씬 더 깊고, 넓고, 본질적이기 때문이다.

> **중보 기도도 마찬가지다.**
> **그들이 처한 눈에 보이는 상황만 보며 표면적으로 기도하지 않는가?**

_____

_____

_____

_____

_____

_____

_____

_____

예레미야 본문을 생각해 보자.
그들이 바라는 필요(해방)가 하나님의 뜻(70년 포로 생활)과 일치하지 않을 때 그들의 기도(해방)는 의미 없이 반복되는 시간 낭비에 불과했다.
나의 기도는 어떠한가? 의미 없이 반복되는 요청은 아닌가?
하나님의 뜻과 다른 요청이라면, 얼마나 오래 기도하든 시간 낭비에 불과할 수 있다. 그러므로 우리는 기도 패턴을 하나님의 뜻에 맞게끔 바꾸어야 한다.

❓ 나는 기도가 필요할 때 아무 생각 없이 반사적으로 기도를 시작하는가? 아니면 잠시 멈추고 이 상황에 대한 하나님의 뜻이 무엇인지 먼저 묻는가? 서로 이야기해 보자.

우리는 기도하기 전에 나의 상황을 하나님께 올려 드려야 한다.
그리고 멈추어서 생각해야 한다.
이 상황에 대한 하나님의 뜻이 무엇인지
먼저 기도로 여쭈어야 한다.
남 유다 백성들처럼 "고난의 시간을 짧게 해 달라고,
고난을 피하게 해달라고" 기도했다면,
어쩌면 하나님의 뜻과 다른 방향의 기도를 드렸을 수 있다.
처한 상황을 하나님 앞에 놓고,
먼저 하나님의 뜻을 발견하고 나아가는
기도의 자세가 필요하다.

이 강을 마무리하며

지금 당장 떠오르는 기도 제목을 적어 보자.

예) 나의 진로, 아프신 부모님, 직장 문제, 친구와의 불화 등.

그 상황, 그 대상을 생각하면서 하나님께 나아가 물어보자.
"하나님은 이 상황(대상)을 어떻게 생각하십니까?
무엇이 하나님의 뜻입니까?"라고 묵상하며 여쭈어 보자.
그리고 나의 기도 제목에 어떠한 변화가 있는지 나누어 보자.

하나님의 뜻이 하늘에서 이루어진 것같이
이 땅에서도 이루어지기를 소망하는 기도는 언제나 유효하다.
나의 상황과 기도의 대상들에 대한 하나님의 뜻이
이 땅에 이루어지도록 기도하려면
먼저 하나님의 뜻을 경청하고
나의 뜻을 조정해서 기도해야 할 것이다.

잘못된 기도의 반복은 참 아까운 시간 낭비다.
기왕에 기도하는 그 모든 시간이
하나님이 기뻐하시고 인정하시는 뜻에 부합된다면
얼마나 좋겠는가.
이제 무조건 기도하는 습관을 버리고
하나님의 뜻을 묻고 생각하고 기도하는 습관을 가져 보자.

MEMO

사명선언문

너희가 흠이 없고 순전하여……세상에서 그들 가운데 빛들로
나타내며 생명의 말씀을 밝혀 _ 빌 2:15-16

1. 생명을 담겠습니다
만드는 책에 주님 주신 생명을 담겠습니다.
그 책으로 복음을 선포하겠습니다.

2. 말씀을 밝히겠습니다
생명의 근본은 말씀입니다.
말씀을 밝혀 성도와 교회의 성장을 돕겠습니다.

3. 빛이 되겠습니다
시대와 영혼의 어두움을 밝혀 주님 앞으로 이끄는
빛이 되는 책을 만들겠습니다.

4. 순전히 행하겠습니다
책을 만들고 전하는 일과 경영하는 일에 부끄러움이 없는
정직함으로 행하겠습니다.

5. 끝까지 전파하겠습니다
모든 사람에게, 땅 끝까지, 주님 오시는 그날까지
복음을 전하는 사명을 다하겠습니다.

서점 안내

광화문점 서울시 종로구 새문안로 69 구세군회관 1층
02)737-2288 / 02)737-4623(F)

강남점 서울시 서초구 신반포로 177 반포쇼핑타운 3동 2층
02)595-1211 / 02)595-3549(F)

구로점 서울시 동작구 시흥대로 602, 3층 302호
02)858-8744 / 02)838-0653(F)

노원점 서울시 노원구 동일로 1366 삼봉빌딩 지하 1층
02)938-7979 / 02)3391-6169(F)

일산점 경기도 고양시 일산서구 중앙로 1391 레이크타운 지하 1층
031)916-8787 / 031)916-8788(F)

의정부점 경기도 의정부시 청사로47번길 12 성산타워 3층
031)845-0600 / 031)852-6930(F)

인터넷서점 www.lifebook.co.kr